COUVERTURE SUPÉRIEURE ET INFÉRIEURE
EN COULEUR

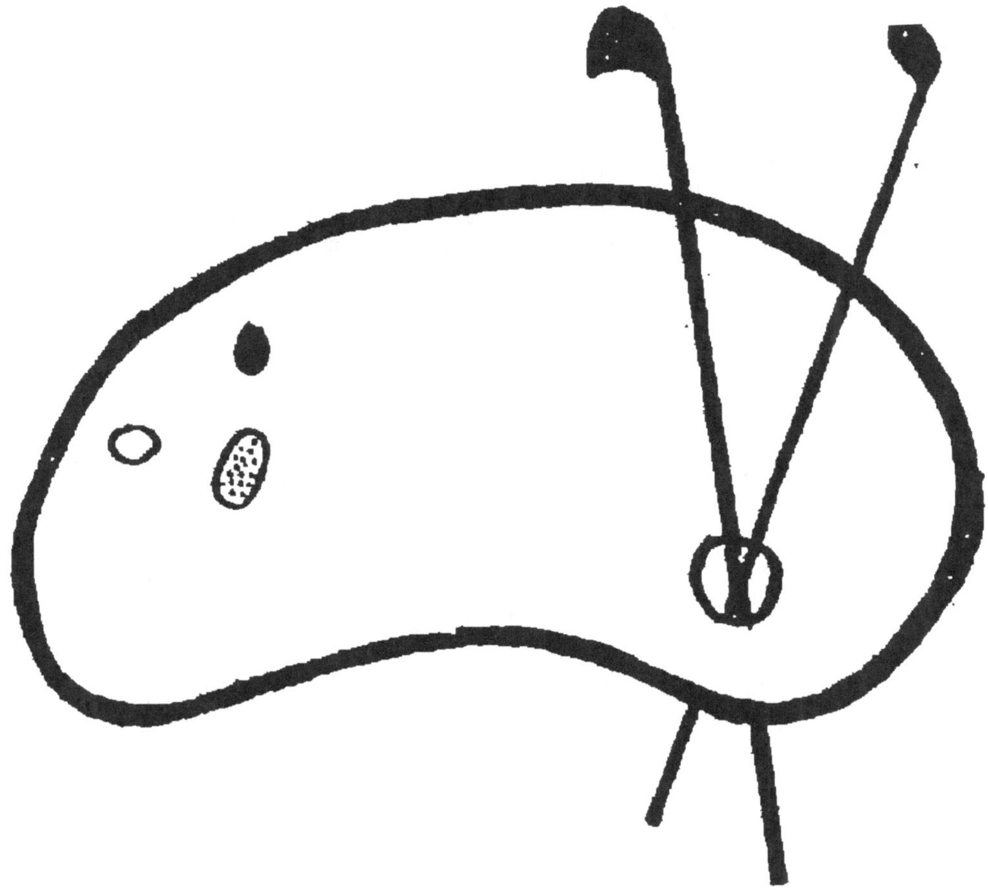

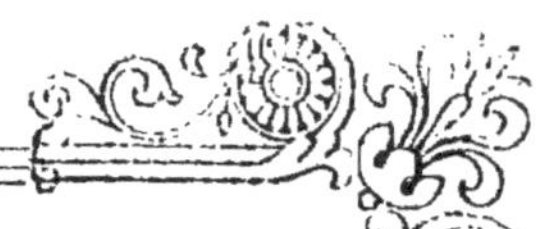

CATALOGUE

DE LA

PREMIÈRE PARTIE

D'UNE COLLECTION

D'ESTAMPES

DES DIVERSES ÉCOLES

ET PRINCIPALEMENT

Eaux-fortes Allemandes, XVIIIme siècle,

(très-belles épreuves)

Provenant de la Collection du Docteur PETZOLD de Vienne

DONT LA VENTE AURA LIEU

HOTEL DES COMMISSAIRES-PRISEURS

RUE DROUOT, N° 5,

SALLE N° 3 AU 1er ÉTAGE

Les Lundi 24 et Mardi 25 Novembre 1856, heure de midi.

Par le ministère de Me **DELBERGUE-CORMONT**,
Commissaire-Priseur, rue de Provence, 8,

Assisté de **M. VIGNÈRES**, marchand d'Estampes,
Rue de la Monnaie, n. 13, à l'entresol, entrée rue Baillet, n. 1,

Chez lesquels se distribue le présent catalogue.

EXPOSITION PUBLIQUE

Le Dimanche 23 Novembre 1856, de une heure à quatre.

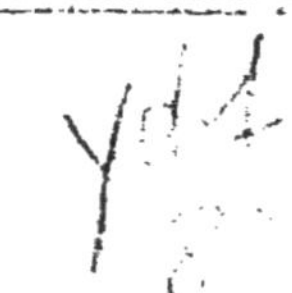

PARIS

MAULDE ET RENOU

IMPRIMEURS DE LA COMPAGNIE DES COMMISSAIRES PRISEURS
rue de Rivoli, 141.

1856.

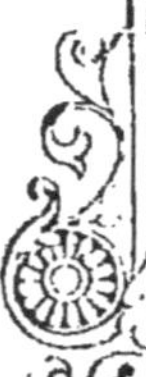

36 Cents
3 pmts

11 5 0 1

2359.50

2329 - 75

1315 - 90
73 50
1389 · 40

Détails des Frais

		582
		1747

Affiches	15	50
Catalogue (600)	190	50
Affichage	3	
Distribution du Catalogue	12	
Timbre	3	75
Déclaration à l'Enregist. et attachement	1	70
Enregistrement	55	90
Bourse commune	73	50
Honoraires du Commissaire Priseur	73	50
De Vigueres	73	50
Clerc, crieurs, les dépens	39	
Insertion au moniteur des Ventes	13	50
à la Presse	18	75
Location de la Salle	64	40
Payé au Commissionnaire	1	50
Gratifications aux Employés p. 3 jours	15	..
	658	00
à déduire 5 % pour les Acquéreurs	116	50
	538	50
Affranch. p. de 260 Catal. environ	29	90
8 ou 1/2 Main de papier p. chemises à 1.25	10	60
transport	3	
	582	..

Cette collection provient du cabinet du docteur
PETZOLD, dernier survivant des illustres amateurs et
collecteurs Viennois, des Bartsch, Gavet, Held, Unter-
berger, etc.

Cet amateur célèbre avait réuni les maîtres de toutes
les écoles, cherchant toujours à compléter les œuvres;
aussi trouvera-t-on ici nombre de pièces, rares à trouver
réunies.

Cette première partie, dont nous avons été obligé de
faire vivement le Catalogue, est composée principalement des maîtres allemands du xviii° siècle, dont il a
choisi les pièces les plus rares, et même introuvables en
France.

Nous espérons que les amateurs nous sauront gré de
leur faire connaître des eau - fortistes de talent aussi
appréciable.

Les Estampes de ces maîtres, répandues à petit nombre, sont d'autant plus dignes de figurer dans leur collection que la beauté des épreuves et leur conservation (car nous pouvons dire qu'elles sont *très-belles*) ne laissent rien à désirer.　　　　　　　V.

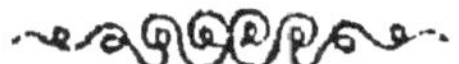

V. 1

DÉSIGNATION

DES ESTAMPES

1 **Abel** (J.). Voir Manuel, par C. Le Blanc. 1 p. 2.
La Mort de Socrate (n° 6). Belle eau-forte.

2 **Adam** (Jacob). Portrait de Maximilien Iᵉʳ, étant
jeune, grandeur de l'original. — Pie VI. — Mé-
daille allégorique. 3 p. (L. B. I. p. 3).

3 **Agricola** (Carl.). Paysages, têtes à l'eau-forte,
Brutus condamnant son fils ; rare. 6 p. (L. B. I. p. 6).

4 — Le Christ descendu de la croix, d'après Raphaël.
— Le Jugement de Salomon. — Convoi d'un enfant,
d'après Poussin. 3 p.

5 **Alberti** (Ignace). La Mère du Sauveur, entourée
d'anges, d'après A. Maulpertsch.

6 **Aldegraver** (H.). Le Père sévère (B. 73).

7 — Le Moine et la Religieuse, 1530 (B. 178). Pièce
extrêmement rare. Belle ép.

8 **Aliamet** (J.-J.). Vues de Saverne, d'après Hac-
kert. — Golfe de Tarente, d'après Berghem. —
Lever de la lune, d'après Vanderneer. 4 p. belles
(L. B. I. p. 20).

9 — Départ pour le Sabbat. — Arrivée au Sabbat.
2 p. très-belles, d'après Teniers.

10 — 1re et 2e vue du levant, d'après J. Vernet. 2 p.

11 **Alix.** Portraits de Franklin, La Fontaine, Montaigne, Montesquieu, J.-J. Rousseau, Voltaire. 6 p.
gravées en couleur.

12 **Altdorfer** (A.). Jahel et Sisara (B. 43). — Saint Jérôme dans sa caverne (B. 57). 2 p. en bois.

13 **Altmann.** Vienne, 1848. Paysages à l'eau-forte.
3 p. belles.

14 **Amman** (Jost). Cartouche d'armoiries très-riche (B. 23, p. 365).

15 **Amsler** (Sam.). Il Giorno, la Notte, allégories en rond, d'après Thorwaldsen. 2 p. (L. B. I. p. 39).

16 **Apel** (J.-H.). Les Petits Musiciens ambulants.
Belle eau-forte, d'après Seehats (L. B. I. p. 50. 4).

17 **Artaria** (Rudolphe). Paysages à l'eau-forte. 2 p.

18 **Aubert** (M.), d'après Courtin (L. B. I. p. 63).
— L'Amant complaisant et magnifique, 63-64. —
La Belle Danseuse, 66. — 3 p.

19 — D'après Le Clerc. L'Abbé en conqueste, 62.
— L'Hermite en queste, 75. — 2 p.

20 **Audouin** (P.). Portraits de Napoléon, Alexandre Ier, 53. — Militaire offrant de l'or à une jeune dame, d'après Terburg, 67 (L. B. I. p. 71). 3 p.

21 **Audran** (B.). Loth et ses filles sortant de Sodome, d'après Paul Véronèse.

22 **Auvray,** d'après Fragonard. Les Jets d'eau. —
Les Pétards. 2 p. gracieuses.

23 **Axmann** (J.). Judith, Marc-Aurel, vignettes avant la lettre. 6 p. très-belles (L. B. I. p. 114).

24 Baader (Amalia). (L. B. I. p. 115). Buste de femme de profil, 7, d'après Backer.

25 Bacheley, d'après Gravelot. Le Café, l'École des filles et l'École des garçons. 3 p.

26 Bakhuisen (L.). Marine, avec la vue d'Amsterdam au fond (B 5). — La Petite Tempête (B. 10). 2 p. très belles

27 Balzer (J.). Scènes galantes dans des jardins, d'après N. Grund, dans le goût de Watteau. 2 jolies petites pièces.

28 Balzer, peintre écrivant. Le Chaudronnier, d'après Mieris. — Béliers, par Burde. — Paysans et Vaches, d'après Berghem, par Conti. 5 p.

29 Barrière (Dom). Fontaines de Tivoli, etc. (R.D. 197 à 202). — Fontaines de Frascati, etc. 14 p.

30 Bartolozzi (F.). (L. B. I. p. 163). Billets d'entrée pour le bénéfice de Mad. Banti. 3 p. charmantes.

31 — Polyphème sur son rocher, au-dessus d'Acis et Galathée. Jolie pièce très-rare. — Naissance de Vénus, avant la lettre. 2 p.

32 — Vénus inspirant un poëte. — Pan près d'un buste. — Vénus et Cupidon (100). 3 p. avant la lettre. — Les Trois Grâces. — Enfant portant un vase au feu. En tout 5 p.

33 — Jugement de Pâris. — Origine de la Peinture, avant la lettre — Autres, etc. — La Loge des Francs-Maçons. 4 p.

34 — Madona and Child, d'après Dolci. — Van Dyck Wife, 514. 2 p.

35 — Lady and Child, d'après S. Ferrato. — Mother and Child, d'après Cipriani. 2 p.

36 — Sujets d'enfants, d'après Guerchin et autres. 8 p.

37 — Paysages, 683, 684. Euphrosine, d'après Carrache, 212, et autres maîtres. 10 p.

38 — D'après Guerchin. Saint François, 54, 257, 263, et autres fac-simile. 7 p.

39 — Vierge, d'après Guido. — A la Chaise, d'après Raphaël. 2 p.

40 — Flore, Zéphirs, d'après Colibert, en couleur et autres. 3 p.

41 — D'après Cipriani, 105, 138, 388, 391. — Hercule et Omphale, etc., etc. 13 p., dont beaucoup avant la lettre.

42 — D'après Ang. Kauffman. The Three fine Arts. Lettre grise et avant la lettre, 417, 409, 635, 660. — Diane et Nymphes, avant et avec la lettre, etc. 10 p.

43 — Portraits d'An. Carrache, Cicéron, Pitt, etc. 5 p.

44 **Bartsch** (A.) (L. B. 1. p. 175). Son portrait, 375. — Chevaux de Bloemen, 137. — Troupeau, 118-141. — Copies d'eaux-fortes des maîtres, allégories, etc. 15 pièces sur 12 feuilles.

45 — Études d'animaux, d'après H. Roos, 75 à 86. 12 p. Très-belles ép.

46 — Sujets d'animaux, d'après Meer, Potter, Roos, Weenix. 6 belles pièces avant la lettre. 69 à 74.

47 — Six Estampes, d'après les dessins de Rembrandt (fac simile). 7 p. avec le titre.

48 — D'après Brouwer, Dietrich, G.-V. Ekhout, Flinck, Jordaens, Livens, Molitor, Rembrandt, Wischer, etc. 15 p.

40 — D'après Guerchin, Murillo, Parmesan, Raphaël; portraits, etc. 18 p. Deux lots.

50 **Basan**, d'après Gabriel de Saint-Aubin. Ballet dansé au théâtre de l'Opéra, dans le Carnaval du Parnasse. Très-belle ép.

51 **Beauvais** et autres, d'après Nattier, Lemoine, etc. 6 p. gracieuses.

52 **Beauvarlet**, d'après Ostade. Le Jeu de trictrac, et autres. 3 p.

53 **Beisson**. Vierge, d'après le Guide. — Vierge à la chaise, par Duponchel, d'après Raphaël. 2 p.

54 **Benedetti** (M.), L. B. I. p. 269. Music, 3, d'après Dominiquin (sainte Cécile).

55 **Bennett** (W.-J.). Cuisines au château de Windsor, et autres, en couleur. 2 p. (L. B. I. p. 270).

56 **Berger** (D.). L. B. I. p. 280. Portrait de B. Rode, 86. — Vignette d'après Chodoviecki : une demoiselle peint et l'autre grave. 2 p.

57 **Bergmüller** (J.-G.). L. B. I. p. 287. Descente de croix, peinte et gravée par lui.

58 **Bertaux** (Duplessis). Scènes des tableaux de la Révolution. 28 p. (L. B. I. p. 157).

59 — Eaux-fortes pures, avec différences d'épreuves. 20 p.

60 **Billwiller** (C.-L.). Son Portrait à l'eau-forte.

61 — Femmes se baignant, titre d'après Gessner, Paysages à l'eau-forte. 7 p.

62 **Billwiller** (J.-J.-L.). Portraits de J. Beck, F. Caucig, M. Fischer, V. Fischer, H. Maurer. 5 p. belles (L. B. I. p. 340).

63 **Bissel**. Scènes de buveurs et chanteurs ; effets de lumière. 2 belles pièces en bistre.

64 **Bittner** (N.), architecte. Ruines et décorations d'architecture à l'eau-forte. 18 p. belles et rares.

65 **Bosse** (Ab.). Voir Le Blanc 1. p. 469. Histoire de l'Enfant prodigue, 76, 78, 79, 80. Belles épr., dont une rognée. 4 p.

66 — Le Mauvais Riche à table, 82. — Mort de Lazare, 83. — Mort du mauvais riche, 84. 3 p., très-belles épr.

67 — Les Vierges sages, 85 et 86, 1er état. — 87. Superbe épr. avant toute lettre. — 91. 1er et 2e états. 5 p.

68 — Les Œuvres de miséricorde, 93, 94, 95, 96 et et 86, des Vierges sages. 5 p.

69 — Les Quatre Ages de l'homme, 557 à 560, la Vieillesse, quoique très-belle, est 2e état. 4 p., très-belles épr.

70 — Les Vœux du Roi et de la Reine, 679. — Louis XIII à genoux, 780. 2 p.

71 — Marche, séance et festin des chevaliers du Saint-Esprit. 3 p.

72 — Le Sculpteur, 742. Superbe épr. avec marge. — Le Graveur, 744. — L'Imprimeur, 745. 3 p.

73 — Le Pâtissier, 746. — La Saignée, 747. — Les Cordonniers, 748, 749. — Le Barbier, 750, est rogné. — L'Apothicaire, 751. 6 p. très-belles, avec l'adresse de Tavernier et Leblond. Sera divisé.

74 — Le Contrat, 772. — Le Branle, 773. — Le Chaudeau, 774. — Les Cadeaux, 775. — Le Coucher de la mariée, est rogné, 776. — L'Accouchement, 777. Rare. — La Nourrice, 778. 7 p. Belles épreuves.

B.

De B.

De B.

. De B.

. De B.

. XV

75 — La Terre, 542. — L'Eau, 543. — Le Printemps,
1er état, 553. — L'Automne, 555. — Laitière et
Dame brodant. 6 belles pièces.

76 — La Saignée. — L'Enfant prodigue, etc. 9 p.

77 **Rotterhild** (Sam.). Loth et ses filles, deux compositions différentes. — Hercule et Omphale. 3 p.
(L. B. I. p. 485).

78 **Brand** (F.-A.). L. B. I. p. 510. Etudes de tête,
animaux, paysages, etc. 23 p.

79 — Têtes, sujets, das Fruhstuck, 17, etc. 12 p.

80 — La Poste attaquée, 18, et les n. 3, 5, 6, 7, 10,
16, etc. 12 p.

81 — Manière noire. Vaisselle dans une cuisine, Clair
de lune, etc. 5 p.

82 **Brand** (J.-Ch.). Têtes, Figures de Paysans, Animaux. 22 p.

83 — Paysages d'après nature, et autres. 14 p.

84 — Paysages avec chaumières au bord de l'eau, etc.,
25 à 30. 6 p. très-belles.

85 **Bretherton** (J.). M. le Fouet la Francia. — The
Full Blown Macaroni, 1772. 2 p. Charges.

86 **Bruder.** Paysages, d'après Ruysdaël. 2 p.

87 **Brussel** (Van). Paysages à l'eau-forte. 21 p.

88 **Buhlmeyer.** Troupeau passant le ruisseau, beau
paysage. — Petit Pont de bois sur le ruisseau, vern i
mol par Louis comte Buquoy. 2 p.

89 **Burgdorfer** (David). Jeux d'enfants, Ours, Cavaliers, 4 p. (L. B. I. p. 547).

90 — Scènes de chats, d'après G. Mind. 5 p.

91 **Bye** (Marc de). Chèvres et Bouc, suite de 8 p.
(B. 1 à 8).

92 — Les Lions, d'après P. Potter, suite de 8 p.
(B. 49 à 56).

93 — Bœufs, Vaches, Cochons, Moutons. 17 p.

94 **Callot** (J.). Intérieur d'une maison de jeu, époque
Louis XIII, où l'on voit comment les *grecs* tri-
chaient à cette époque.

95 — Lux Claustri. 27 p. Belles épr.

96 — Balli di Sfessiana. 24 p. Superbes épr. 1ᵉʳ état,
avant la retouche et l'adresse de G. Valck.

97 **Cardon** (A.). Le Prince de Ligne. — Charles,
son fils. 2 portraits d'après C. Le Clercq.

98 **Caronni** (P.). Portraits d'Eugène Napoléon et
son épouse Auguste-Amélie. 2 p.

99 **Casanova** (F.). L. B. I. p. 610, pour la N. année.
Russe marchant sur un Turc, 1. — Tambour turc à
cheval. 2 p.

100 **Chapron** (N.). Dieu crée Adam et Eve (R. D. 7).
Très-belle épr. avant l'adresse de Mariette. — Le
Vieux Silène (R. D. 56). 1ᵉʳ état. 2 p.

101 **Chapuy** (J.-B.). L. B. I. p. 629. Ruines romaines
gravées en couleur. 21, 22. 2 p. rondes, d'après
Perney.

102 **Chardin** (d'après). Étude du dessin, gravée par
Lebas. Charmante pièce rare, où un jeune homme
debout regarde ce que dessine celui qui est assis.
Belle épr.

103 — Le Château de cartes, par Lepicié. — Les Tours
de cartes, par Surugue. 2 jolies p.

104 — Les Amusements de la vie privée, par Surugue.
Très-belle épr. d'une très-jolie p.

105 **Charpentier**, d'apr. Fragonard. La Culbute.
Jolie p., fac-simile de dessin.

XX.

106 **Chauveau** (F.). Divers masques, dédiés à Jean de Leins, orfèvre de la reine d'Angleterre, par J.-V. Merlen. 18 jolies pièces dont titre. Rares.

107 **Chevillet** (J.). L. B. 2 p. 10. Tentation de saint Antoine. 1. — La Bonne Mère sans souci, d'apr. Wille fils. 64. 2 p.

108 **Claussin** (J. Chevalier de). L. B. 2 p. 21. Études de têtes de béliers, d'apr. Du Jardin, croquis d'apr. La Belle. 14 p. très-belles. épr. sur chine volant.

109 **Corbin** (N.). L. B. 2 p. 25. J.-C. mis au tombeau. 27. — La Pentecôte et saint Pierre martyr, d'après Titien. 3 p.

110 **Cuyp** (A.). Les Vaches. Suite de 6 petites eaux-fortes. (L. B. 2 p. 79.)

111 **Couché** (J.)., d'apr. Corrége, Lantara, Rubens, Titien, etc. 9 p. belles. (L. B. 1. p. 56.)

112 **Couvay**, d'apr. Huret. (L. B. 1. p. 61.) Le Palais des facultés de l'âme, 77. — Le beau Séjour des cinq sens, 78.—Le Courtisan et la Dame réformée suivant le dernier édit et autres coutumes de dames. 7 belles pièces.

113 **Dallinger** (Alex.). Scènes et groupes de bestiaux, supérieurement gravées à l'eau-forte. 6 p. (L. B. 2 p. 83.)

114 **Danhauser** (J.)., 1844. Jeune Fille, Chien, Chienne et ses petits, Marchand de gâteaux, l'Enfant sur un tambour. Rare. 6 p. très-belles.

115 **Daudet** (R.), d'apr. Berghem, Du Jardin, Moucheron, Ostade, Téniers, V. D. Velde, Wouvermans. La grande Chasse au cerf. 8 p. très-belles. (L. B. 2. p. 96.) Tiré du cabinet Lebrun.

116 **Daullé (J.).** Portrait de Marie-Thérèse, reine de Hongrie. Belle épr. (L. B 2. p. 97.)

117 — L'Amour porté par les Grâces, d'apr. F. Boucher. Jolie pièce très-rare.

118 **Demarteau**, d'apr. Le Prince. Costumes de dames, à la sanguine. 5 p.

119 **Deny**, d'apr. Hackaert. 1re et 2e vues près Poissy. 2 p.

120 **Dequevauvillers** (F.), d'apr. Du Jardin, G. de Heusch, Vlieger, etc. 4 p. Du cabinet Le Brun. (L. B 2. p. 112.)

121 **Desnoyers** (L.-A. Boucher). L'Espérance soutient l'Homme. 22. Le Roi de Rome. 68. 2 p. très-belles. (L. B. 2 p. 118.)

122 **Dies.** Le Gardeur de chèvres près la rivière. — Les deux Chasseurs et le chien à gauche, par Dilis. 2 p.

123 **Dorffmeister.** Effet de lune, d'apr. Van der Neer; et autres pièces. 4 p.

124 **Dorigny** (M.). Bacchanales (R. D. 7. 10. Loth et ses filles. 69. Mercure et les Grâces. 80. 4 p. belles.

125 **Dorner.** Groupes de têtes, vieillard et officier, jeune femme et vieillard qui lit. 2 p. Jolies eaux-fortes.

126 **Du Bos** (Jeanne Renard), d'apr. Rosalba. « Vous pensez, belle Iris, en tenant cet oiseau », etc. — Le Moment favorable, d'apr. Fragonard, par Berthet. — Le Repos agréable, par Demonchy. 3 p. gracieuses.

127 **Duflos**, d'apr. Corrège. Jupiter et Io. Superbe épr. d'une très-jolie petite p. avec marge. — Jupiter en cygne, etc. 4 p. Sera divisé.

H. XV.

128 **Dujardin** (Carle). Eaux-fortes d'animaux. (B. vol. 1.) Belles épr. 34 p. Pourra être divisé.

129 **Dunker** (B.-A.), d'apr. Berghem, Dujardin, Ostade, P. Potter, 7 p. Gal. Choiseul ; plusieurs avant la lettre. (L. B. 2. p. 156).

130 **Dunouy** (A.-H.). Paysages à l'eau-forte. (L. B. 1. p. 156). 18 p. sur chine. Très-belles épr.

131 **Dupuis** (N.). Réjouissance pour la paix, le repos, d'après Colson ; le galant Boulanger, d'après Coquelet. 3 p.

132 **Durer** (Al.). L'Enfant prodigue. B. 28.

133 — La Vierge au singe. B. 42. Belle épr.

134 — Les trois Génies. B. 66. Jolie petite pièce. Très-belle épr.

135 — L'Oisiveté. B. 76. Pièce rare.

136 — Gravures et lithographies d'apr. Al. Durer, son portrait jeune ; la Véronique, par Camesina ; études de têtes ; scènes de la Passion ; Vierge de Sadeler, Das Rolenkranzlest, etc. 12 p.

137 **Duvivier** (J.). Vues de la vallée de Sainte-Hélène, près de Baden en Autriche. Suite de 12 p. rares.

138 **Dworzack** (A.). L'Ange réveillant saint Joseph, avant l. l. — J.-C. ressuscitant une jeune fille, par G. Dobler. 2 p.

139 **Échard** (Ch.), graveur, né à Caen, 1762. Son portrait, 1782.

140 **Eisen** père et fils (d'après). Enfants avec un chat ; la Vertu sous la garde de la Fidélité ; Amusements de la jeunesse ; Marchandes de plaisirs, de chansons ; la Sultane reconnaissante. 6 p.

141 **Eisner** (J. et F.). Prométhée ; Génie de Joseph II ; Vieillard et jeune homme ; Rembrandt ; Minerve. 5 p. belles. (L. B. 2. p. 196.)

142 **Ender** (T.). Paysages à l'eau-forte, dont homme assis au pied d'un arbre. Très-rare ; la planche détruite. 3 p. (L. B. 2. p. 199.)

143 **Éverdingen** (A.-V.). B. 2. p. 161. Les paysages ovales nᵒˢ 1, 2, 4 ; en hauteur, 6, 9 ; en travers, 13, 16, 17, 22, 24, 25, 30, 32, 34, 35 ; épr. avec différence, 36, 37, 39, 41, 47, 48, 49, 50, 52, 55 57, 58, 68, 71, 74, 78, 80, 82, 84, 85, 92, 93, 94 ; les fontaines d'eaux minérales, 95, 96, 97, 98, 99, 100, 101. — 46 p. très-belles. Sera divisé.

144 **Falbe.** Portrait de jeune homme regardant de face. 1ᵉʳ état. (L. B. 2. p. 213.)

145 **Felner** (P. Coloman). Portraits de J.-M. Schmuzer, M. Schmidt ; Élévation en croix, 3 ; Décolation de saint Jean, 4. (L. B. 2. p. 222.) 4 p.

146 **Ferreri** (César). Intérieur de tabagie, d'apr. Téniers. — Le Confessional. 2 p. Superbes épr. avant la lettre.

147 **Fiesinger** (J.-G.). L. B. 2. p. 227. La Sainte Vierge, 1 ; l'Amour menaçant, 4 ; portraits de Hood, 15 ; E, G., baron de Laudon ; Pie VI, 5 p.

148 **Finkernagel**, élève de Marco. Paysage à l'eauforte. Amalfi. 2 p.

149 **Fischbach** (J.), 1818. Béliers, paysages, portrait de J.-G. Huebmer. 5 p. belles.

150 **Fischer** (J.). Son portrait en buste, Malade, Commandeur Ruffo, etc. 8 p.

151 — Études de chiens, paysages, etc. 17 p.

v8. 750

2.8.

6 XII

152 — Études de têtes, allégories, études de dames, croquis, etc. 33 p. Deux lots.

153 **Forster** L'Amour, d'apr. Sirani. — La Volupté, d'apr. Mallet. 2 p. Superbes épr.

154 **Fragonard**. Deux femmes sur un cheval. C. D. V. 15, et autres pièces d'après lui ; le Pot au lait, le Verre d'eau, la Coquette fixée. 5 p.

155 **Franck** (A.). Vieille marchande, 1838. — Paysage montagneux en hauteur, 1846. 2 p.

156 **Frey** (J. de). L'Ermite, le Philosophe, Jésus guérissant la mère de Pierre. 3 p. (L. B. 2. p. 253.)

157 **Frey** (Jacob). Vierge au berceau, d'apr. Raphaël ; Hercule enfant, 54 ; Cléopâtre, 59 ; Tuccia, allégorie avec le portrait de Benoît XIV. 5 p. (L. B. 2. p. 252.)

158 **Frey** (Michel). Paysages à trois sur la feuille. 4 p. C.-A. Grossman, ex.

159 **Frey** (J.-M.). Paysages, d'apr. Vagner. 3 p. (L. B. 2. p. 255.)

160 **Friedrich** (J.-C.-J.). L. B. 2. p. 256. Paysages à l'eau-forte. 3 p.

161 **Fuger** (H.-F.). Son portrait en manière noire.

162 — Son œuvre, L. B. 2. p. 258, nos 1, 2, 4, 5. Études de têtes, 6 pièces différentes ; Jupiter ; tête de femme coiffée d'un turban ; très-rare ; et trois autres pièces ; en tout 14 p.

163 **Gabet** (F.). Les quatre Saisons, d'apr. Van Goyen. 4 beaux paysages à l'eau-forte.

164 **Galle** (J.). Regiones et villæ rusticæ, ducatus Potissimum Brabantiæ a Cornelio Curlio, Anvers, pars prima. 30 p. très-belles et très-rares.

165 **Gandolfi** (G.). Combat de joueurs. Jolie eau-forte.—Jésus endormi sur la croix. d'apr. le Guide. 2 p.

166 **Gauerman** (F.). Renard, rare; Renard croquant une poule; Chevaux à la charrue; Cerf mort. 4 p. (L. B. 2. p. 272.)

167 **Gauerman** (J.). Abraham, Diane et Endymion; 6 paysages d'apr. Dughet; Départ et Retour de la Messe, etc. 30 p. Sera divisé.

168 **Gebhardt** (W. M.). L. B 2. p. 278. Paysages à l'eau-forte. 2 p.

169 **Geisler** (F.). Croquis charmants, paysages, la Bourse à Hambourg, etc. 2 p. Oberon de Wielands. 16 p. (L. B. 2 p. 278.) *refuill.*

170 **Gentani**, d'apr. Cignani. L'Enfant-Jésus. Superbe épr. avant la lettre.

171 **Genoels** (Ab.). B. IV, n° 10. Repos en Égypte et son pendant, par Félix Mayer, d'apr. Genoels. 2 p. très-belles.

172 — Paysages, nos 22, 29, 30, 31, 39. 1er état. 60. 6 p. très-belles.

173 **Gessner** (Conrad), fils de Salomon. L. B. 2. p. 285. Chevaux, nos 21, 25, 27, 28, 36. 5 p.

174 **Gessner** (Sal.). Vues de Suisse. Jolies petites eaux-fortes. 51 p.

175 — Bas-relief avec enfants; Mort d'Abel; Scriften, 11e band. 6 p.

176 — Paysages avec figures mythologiques, en largeur et en hauteur. (L. B. 2. p. 286. 25 à 34.) 10 p. Superbes épr.

177 — X. Paysages dédiés à M. Watelet (46). 10 p. Superbes épr.

178 **Geyser** (Ch. Got). L. B. 2. p. 286. Agar présentée à Abraham, 1 ; Agar renvoyée, 2 ; la Cène non décrite. 3 belles p.

179 **Geyser.** L. B. 2 p. 287. La Cuisinière de Rembrandt. 2. — Psyché, Tombeau de Gellert, et autres. 6 p.

180 **Giles.** Scènes de chats, lith. sur chine. 4 p. dont une coloriée.

181 **Gillot** (Cl.). Les Fêtes de Bacchus, Diane, Faune, Pan. 4 p. très-belles, avec marges.

182 — Les Passions des Richesses, de l'Amour, du Jeu ; la Naissance, le Mariage, etc. 7 p.

183 **Girardet.** Siège de la Bastille, Champ-de-Mars, Mort de Marceau, etc. 7 p.

184 **Glauber** (J.). Vue de la Grande Chartreuse, B. 3, et autre paysage (13). 2 p. belles.

185 **Gleditsch** (P.). L. B. 2. p. 301. Sainte Madeleine, 0 ; Madona Velata, le denier de César, portrait de Moreri, avant l. l. 4 p.

186 **Gleich** (P.), d'apr. de Carmontelle. La malheureuse famille Calas. Jolie p. grand in-4. Rare.

187 **Glume** (J.-G.). L. B. 2. p. 302. Jeunes enfants vus de dos, de face, de profil. Très-jolies eaux-fortes. — Le Fumeur (4) ; Groupe de musiciens, etc. 15 p. Très-belles épr. 2 lots.

188 **Godefroy.** L. B. 2. p. 303. d'apr. Berghem, avant l. l. Casanova, Lautara, Pynaker. 6 p.

189 **Goyen** (J. Van). L. B. 2. p. 310. Paysages 1, 3, 4. Le Bac, l'homme prêt à passer sur la planche. 5 p.

190 **Goz** (J.-F. de), 1784. Son portrait.

191 — Scènes grotesques de danseurs. 7 p. rares.

192 **Graeffer** (Ant.). Chien, Loup. 2 p.

103 **Griesmann.** Jésus guérissant la mère de Pierre, d'après Rembrandt. Très-belle.

104 **Groensvelt.** Paysages et animaux, d'apr. Berghem. 4 p.

105 **Gubitz,** 1805. Vignettes in-8 pour livres, en bois. 4 p. toute marge.

106 **Guttemberg,** d'apr. Bega. Rubens, Téniers, Weirotter, etc. 14 p. Sera divisé.

107 **Hackert** (J.-P.). L. B. 2. p. 327. Vue de Suède. 6 p.

198 **Hagedorn** (C.-L.). L. B. 2. p. 331. Études de têtes et paysages. 7 p. Très-belles épr.

199 — Paysages de 1743 à 1745. 35 p. Très-belles épr.

200 — Paysages, 1765, etc. 8 p. Très-belles épr.

201 **Haldenwang.** L. B. 2 p. 337. Paysages manière noire, 7 p.

202 **Harms** (J. O.). L. B. 2 p. 342. Ruines d'architecture. 4 p.

203 **Hartmann** (J.). L. B. 2 p. 342. Paysages n.° 7. et 8. 2 p.

204 **Haslinger.** Paysages, eau-forte, manière noire, 3 p.

205 **Haubenstricker.** Portrait de M. J. Schmidt, têtes d'homme et de femme, 1775. Saint Jérôme, saint Paul et Antoine ermites. Élévation en croix, 6 p.

206 **Hauber** (J.). L. B. 2 p. 343. Sainte-Famille, 2. Jésus-Christ au tombeau ; le Faune et la Nymphe, 6 ; le jeune Garçon à la clarinette. 12. — 4 p.

207 **Hauer,** 1808. Six paysages dédiés à mon ami M. Ch. de Fraux, et autres, 13 p.

208 **Heyl**, d'ap. Mind. Scènes de chats (L. B. 2 p. 348) 2 p.

209 **Heideloff.** Paysages à l'eau-forte, 15 p.

210 — Paysage avant l'inscription, etc. 6 belles p.

211 **Heimlich** (D.). Paysages et vues d'Alsace, 5 p. (L. B. 1 p. 349).

212 **Herbst** (F.). Paysages à l'eau-forte, 2 p.

213 **Hertzinger.** Bestiaux et paysages, fac-simile de dessins, bistre, etc., 14 p.

214 **Herz** (M.). L. B. 2 p. 356. Figures académiques, 4. — 3 p.

215 **Hess** (C. E. Ch.) L. B. 2 p. 356. La Nativité, d'apr. Rembrandt, non décrite; Mise au tombeau, 7. Résurrection, 11. Ascension, 12. Dame, Wallenstein, 22. 6 superbes p.

216 **Hess** (J. M.) 1812, Vénus et l'Amour, la Madeleine, 2 p.

217 **Hess** (Louis) L. B. 2 p. 357. Lac Clanthal 12, 15, 22. — 3 p.

218 **Heyne.** Paysages à l'eau-forte. 8 p.

219 **Hoechle.** Animaux et sujets à l'eau forte. 7 p.

220 **Hoefel.** (Bl.). L. B. 2 p. 365. Vierges d'apr. Raphael et S. Ferrato ; et autres pièces gravées en bois, 10 p.

221 — Portraits de Beethoven, Blucher, 18. Czernin 21. François 1 d'Autriche, Schwarzenberg, 6 p.

222 **Hogg** (J.). L. B. 2 p. 370. Renaud et Erminie, 2 p.

223 **Hohenberg.** Composition de ruines de riche architecture, 4 p.

224 **Holbein** (Th.). Paysages à l'eau-forte. 15 p. (L. B. 2 p. 372).

225 **Holzer** (J.). L. B. 2 p. 380. Judith, 1, rare, Adoration des Rois, 2. Adoration des Bergers, 3. — — 3 pièces.

226 **Hopwood** (J.). L. B. 2 p. 390. Louis-Philippe 1, 2. Ferd. Ph. duc d'Orléans. 2 jolis portraits avec entourages.

227 **Hortemels** (Fréd.). L. B. 2 p. 399. Adoration des Rois, 4.

228 **Houbigant** (Armand). Le Charlatan, d'apr. C. Dujardin. Belle eau-forte.

229 **Huber** (J. W.). L. B. 2 p. 399. Paysages. Vues d'Italie à l'eau-forte, 3 p.

230 **Hummel**, 1819. Enfant nu dormant, Vue de Cobenzlberg, 2 p. lith.

231 **Hummel** (C.). 1842. Paysages à l'eau-forte, 2 p.

232 **Huot**. D'apr. Borel, l'Innocence en danger. — Le voilà fait. 2 p.

233 **Jauota** (J. G.). Portrait d'un jeune homme (5). Superbe ép. avant l. l., le même avec l. l., un paysan hollandais, d'apr. Braner, 3 p. (L. B. 2 p. 419.)

234 **Janson**. Têtes de Chèvres, Paysage, Effet de lune en hiver, 4 p. (L. B. 2 p. 419).

235 **Jaresch**. Tête de jeune homme, portrait de J. J. Littrow. 2 p.

236 **Jenkins** (J.). L. B. 2 p. 429. Treading the needle, 5. The Chelsea Pensioner 6. 2 jolies pièces.

237 **John** (F.). L. B. 1 p. 434. Vignettes pour divers ouvrages : Oberon, Faustina, sujets d'après les maîtres, Albane, Corrége, Dominiquin, Fuger, Guide, Rembrandt, Van Dyck, etc. 22 p., la plupart avant l. l. Très-rares ; Sera divisé.

Con

Ant

238 — Portraits de Joseph II. 144, M. Ch. Auguste, 145, avant l. l. Batzaniji, prince Charles, Dejen 149, J. Glatz, J. Hammer, Kosciusko 150, Napoléon II. 151, Retzer, Mad. Ruprecht, Wild 159, Andréas Zaupser, etc. 18 p. très-rares, la plupart avant l. l.

239 **Jollvard** (A.). Essais à l'eau forte. 6 p. et titre. (L. B. 1-7.)

240 **Klass** (E. C.) L. B. 2 p. 458. L'Ermite et les Pêcheurs, 5, 6. Sites montagneux 7, 8. Cascades, 9, 10 et autres paysages, en tout 13 p.

241 **Klein** (J. A.). L. B. 2 p. 459. Son portrait et M. et Mad. Feil. 99, 100, etc., 8 p.

242 — La chaise attelée de deux chevaux avec la dédicace, très-rare.

243 — La femme brossant la vache qui lèche son veau, 2 ép. avec différences (82).

244 — Six chevaux près d'une voiture russe, 16, 73, 78, 82 et autres, 6 p.

245 — Bestiaux et chevaux, 1825 à 26. — 6 p.

246 — Animaux, chiens, chevaux, etc. 38 p. Sera divisé.

247 **Klengel** (J. C.). L. B. 2 p. 462. Animaux et paysages à l'eau-forte, vue de Rome, 18. La forêt, d'apr. Ruysdael, 34. Paysage d'apr. V. de Velde et autres, 12 p.

248 **Kobell** (Ferd.). L. B. 2 p. 464. L'abreuvoir, vue du Neckre, les puits, les cascades, le parc, etc., etc. 55 p. Sera divisé.

249 **Kobell** (W.). Cavaliers, 4 p. (L. B. 2 p. 466).

250 **Kolbe** (C. W.). L. B. 2 p. 470. Paysages, figures et animaux, 59 p. à l'eau-forte. Sera divisé.

251 **Krepp** (Ig.). Très-petite Vierge et Jésus, d'apr.
L. Carrache, avant l. l.

252 **Kuesel** (M.). L. B. 2 p. 470. Vues d'Espagne,
Italie, Frioul, Carinthie, Styrie, d'apr. W. Bauer.
41 p. rares

253 **Laer** (Pierre de). Différents chevaux (B. 1. 9 à 14).
6 p., très-belles ép.

254 **Landerer** (Ferd.). Siége de Vienne par les Turcs,
Intérieur de prison, belle architecture, 2 p.

255 **Le Bas** (J. P.). Compositions d'après Bénard,
Berghem, Bout, Brauer, Breugels, Ostade, Polem-
bourg, Rembrandt, S. Rosa, Ruisdael, Teniers,
Wouvermans, 30 p. Sera divisé.

256 — Le Gâteau des Rois, — le Souhait de la bonne
année, 2 p. d'apr. Canot.

257 **Le Mire.** Mort de Cléopatre, d'apr. Le Guide, et
autres, d'apr. Bassan, Guerchin, etc., de la Gal. de
Florence, 7 p.

258 **Le Prince.** Diverses vues de Livonie, dédié à M.
Vernet. 6 p. Très-jolies petites eaux-fortes.

259 — Le Berceau, la Baraque, la Nourrice, les Nou-
vellistes, la Cuisine, etc., 7 p.

260 **Lesueur** (E. L.). Lecture de la gazette litté-
raire par un moine à oreilles d'ânes, — la Restau-
ration de la Loge. 2 jolies eaux-fortes.

261 **Lesueur** (L.). Paysages. Moulin de Charenton,
2 p.

262 **Le Veau,** d'apr. Vander Neer, vues de Lillo, ca-
nal d'Ypres, 2 p.

263 **Leybold.** Sainte Catherine de Sienne, d'après
Raphaël. Etudes de têtes. 6 p.

264 **Lips** (H). Portraits de J. G. von Herder, A. G. Richter et Allégorie. 3 p.   2   N

265 **Loir** (N). Suite de 12 Saintes Familles et Vierges. R. D. 1 à 12. 2ᵉ état, avant que Mariette soit effacé.   4 50

266 **Londonio** (F.) Suite de scènes de paysans avec bestiaux. 12 p. Dédié à milord Exeter.   7

267 — Sujets en hauteur et en travers. 7 p.   8

268 **Lucas de Leyde.** Caïn tuant son frère Abel. B. 6. Belle ép. de la collection Debois.   16 50

269 — Adam et Eve fugitifs, après avoir été chassés du Paradis terrestre. B. 11.   9

270 — Un homme et une femme assis dans une campagne. B. 148. Superbe épr.   8 0

271 — L'Opérateur. B. 157. Très-belle épr. Cette pièce est regardée par Bartsch comme une des mieux gravées du maître.   8 5

272 — Composition d'ornements avec deux sphinx. 1528. B. 162.   5

273 **M. G. F.** Brulliot II. 26 b. N. 1998. La Chute des Géants, d'après J. Romain. Cette pièce est souvent attribuée à Callot. Belle épr.   7 5

274 **Mark** (Quirin). Paysage à l'eau forte, d'après Ch. H. Prand. 9 p.   1 25

275 — Susanne avec les vieillards, d'après Rubens.   2 50

276 **Massard** et autres, d'après Vicar. Pierres gravées antiques de la Gal. de Florence. 26 p.   6

277 **Mathieu** (J.) Paysages d'après Wagner. 6. p. avant la lettre.   2 2

278 **Mégan** (G. E.) Br. III. 806. Suite de 6 paysages à l'eau forte, très-rares.   3

279 **Meyer.** Les Enfants aux bois. 2 sujets ovales en travers, bistrées.   1 7

280 **Meyer** (Conrad). Les Jeux d'enfants. 27 p., dont titre.

281 **Meyeringh** (A). Le Pont. B. 12. Très-belle épr.

282 **Michon**, d'après Demarne. L'Hôtesse en belle humeur. — Les Voisines laborieuses, par Moitte, d'après Debucourt. 2 p.

283 **Miehn** (Laurent). Br. 1. 2701. Pifferari, marchands d'acquajoli, etc. 4 p. rares.

284 **Moitte** (P. E.). Paysages d'après Ruysdaël. 2 p.

285 **Molitor** (M.). Son œuvre, composé de 62 paysages à l'eau forte, dont plusieurs avec différences, avec le catalogue, par A. Bartsch. Il manque 1 p. unique, 7 et 19. Très-bel exempl.

286 **Morgenstein.** Homme avec vêtement à fourrure. — Femme avec manchon. 2 superbes eaux-fortes.

287 **Morghen** (Raph.). Portrait de Georgius Jonas Mayer. Lettre blanche.

288 **Muller** (Fr.). Portrait d'Herschell.—Mozart. 2 p.

289 **Oeser** (Fréd.). Circoncision, Présentation au temple, l'Ange disparaissant devant la famille de Tobie, etc. 4 p.

290 **Otto** (C.-H.) Chèvres et Moutons. 3 p. très-jolies.

291 **Paleko** (C.). Création d'Adam. — Dieu défendant à Adam et Ève de manger du fruit de l'arbre de vie. 2 superbes eaux-fortes par lui-même.

292 **Passini** (J.) 1819. Portrait de Banfü, Hoffmann, Kind, Lamotte-Fouqué, Werner, 4 avant l. l. — 6 p.

293 **Peckwill** (Char.) 1768. Le Fil mal tors, ou la Mère en colère. — La Veillesse amoureuse. 2 p.

204 **Perrelle**. Petits Paysages ronds. 12 p Superbes épr.

205 — Paysages ronds. Suite de 24 p. très-belles.

206 — Vue de Vincennes. Paysages divers. 41 p.

207 **Pesne** (J.) Portrait de N. Poussin. R. D. 6. Belle épr. du 2ᵉ état.

208 **Peucker** (Léop.), architecte, 1793. Paysages et jolies compositions d'architecture gravés à l'eau-forte par lui. 13 p., dont titre.

209 **Pfeifer**. Le Printemps jetant des fleurs, dans un char traîné par des Amours. — Groupes d'enfants. 3 p.

300 **Pfenninger** (M. P.). Zurich, 1771. Moulin à eau, et autre beau paysage en hauteur, d'ap. I. L. Aberli. 2 p.

301 **Picart** (B.). Lettres ornées pour en-tête de pages. — Vignettes avec sujets d'ornements ; sujets très-jolis dans des ornements 117 p. 2 lots.

302 — Jupiter et Sémélé, Tarquin, etc. 4 p.

303 **Piloty**, d'après Bramer. Scènes diverses : la Pêche, le Combat, Mort et Enterrement d'une religieuse, etc., etc. 23 p. lithog.

304 **Potter** (P.). Le Vacher (B. 14). 4ᵉ état.

305 **Prestel** (J.-Th.). Br. II. 2252. Vierge et Jésus, d'après Guerchin, jolie eau-forte marquée *P. F.*

306 **Puvarski** (J.), Vienne, 1810. Oriental à mi-corps, d'après Rembrandt. Très-belle eau-forte, Chine.

307 **Quaglio** (D.). Vues de Munich, à l'eau-forte, en 1811 et 1812. 12 belles pièces, rares.

308 **Rahl** (C.-H.), 1800. Portraits de Franck, Gall, Goëthe, Schiller, Vierges, Sujets religieux, Vignettes pour livres, Vues, etc. 34 p. Sera divisé.

309 **Rauffl**, 1845. Têtes de chiens. — Jeux et Combat de chiens. 4 belles eaux-fortes.

310 **Rauch** (J.). Le Bœuf, et le Veau tétant la vache. 2 p. d'après nature.

311 **Rebell** (J.). Vues près de Palermo, Schaldming, Modling, et autres riches compositions de paysages. 7 p.

312 **Rechberger** (F.). Paysages à l'eau-forte. 44 p. Pourra être divisé.

313 **Rektorzick**, 1851. Groupe de six bœufs et vaches autour d'un arbre, 1er état, avec l'arbre entier. — Contre-épreuve de cet état. — Le même, 2e état ; le tronc seul y est : le haut de l'arbre est effacé. 3 p.

314 **Ritter** (Ed.), 1847. La Sortie de chez l'apothicaire en hiver. — Scènes historiques, guerrières. 3 p.

315 **Rode** (B.). Son Portrait. — Résurrection de sa mère. 2 p.

316 — Allégories : la Jeunesse ; la Médecine ; les Quatre Saisons ; les Quatre Éléments ; les Quatre Parties du Monde ; les Quatre Parties du Jour ; les Cinq Sens ; etc., etc. 23 p.

317 — Le Gourmand Clitons ; le Fanfaron, différent ; Enfants ; Allégories ; Bas-Reliefs. 14 p.

318 — Sujets de la Bible : Déluge ; Noé ; Rébecca ; Tobie ; Job ; Joseph ; l'Age-d'Or ; Festin de l'homme riche, différent ; l'Hypocrite donnant l'aumône au

son de la trompette, différent; le **Bon Samaritain**, différent; etc. 22 p. Pourra être divisé.

319 — Nouveau-Testament : Saint Paul mordu par un serpent, différent; Saint Paul; Lazare; Christ en croix, épr. avec lavis, très-belle; Enterrement, différent; Saint Thomas; Joachim II dans sa jeunesse; Reniement de saint Pierre; Emaüs. 14 p.

320 — La Mort vêtue en femme, très-jolie pièce; Scènes d'Adam et Eve, et autres avec la mort. 5 p. curieuses.

321 **Rodermont.** Le Suppliant (B. H. 78). Rare.

322 **Rogissunski** (J.). Cerf. — Cheval sellé à l'écurie. 2 p.

323 **Roos** (J.-H.). Différents animaux (B. 19 à 30). Belles épr. H. Sweerds, effacé. 12 p.

324 **Rowlandson**, 1784. A Cully Pillag'd. — Comfort in the Govt. 2 p. grotesques et curieuses.

325 **Runck**. Moulin à eau. — Paysages. — Vues. 18 p. très-belles.

326 **Ryland.** A Dutch Merry Making, d'après Brackenberg. — La Charité, d'après Van Dyck. — La Cène, d'après L. de Vinci. — Nymphe et Satyre, d'après Lauri. 2 p.

327 **Sachtleeuen** (C.), 1645. Figures de paysans. 8 p. Rares.

328 **Saint-Non**, d'après Bénard. Le Petit Palet. — Les Plaisirs variés. 2 p.

329 — D'après Fragonard. Antiquités et Bas-Reliefs avec nymphes et satyres. 10 p.

330 **Saunders** (J.), 1790. Le Lever Hollandais, d'après Mieris. Belle pièce rare.

331 **Schallhas** (P.-C.), 1790. Der Abend. — Der Sturm, et autres. 4 paysages.

332 **Schmidt** (H.), 1812. Sainte-Famille, d'après Bartolomeo. — Saint Jean. 2 p.

333 **Schnorr**, 1793. Sainte - Famille; Costumes; Apollon; etc. Saint François et Noces célébrées à Vienne, où assistent Maximilien et Sigismond, roi de Pologne; ces deux pièces sont lithographiées. 15 p.

334 **Schumann** (J.). Das Nymphenbad, avant et avec la lettre, d'après Kleingel. — Vues de Dresde, d'après Ruysdaël, etc. 7 p.

335 **Schuster**. Le Maître d'École. Très-belle épreuve avant la lettre. Rare.

336 **Schwanthaler** (Lud.), sculpteur. Son Portrait lithographié.

337 **Schwarzenberg** (princesse de Lobkowitz, née Pauline de). Paysages et Chute d'eau de Stubenbach. 4 p. rares.

338 **Schweyer** (F.-P.), d'après Ruysdael. Paysages à l'eau-forte. 6 p

339 **Sigrist** (F.). Le Fumeur; la Vieille qui coupe; Job sur son fumier; Tobie et l'Ange. 4 p. à l'eau-forte par lui.

340 **Sintzenich** (H.). Jésus, d'apr. C. Dolci; Vierge et Jésus; Vestales. 3 p. à la sanguine.

341 **Spreng**. L'Homme à la cruche, d'apr. Brouwer; Roi de Bavière; Vache couchée. 3 p.

342 **Stamm**, d'apr. Klengel. Suite de six petits paysages.

343 **Steinfeld**. Paysages lithographiés. 2 p.

Friedeburg

344 **Steinla** (M.). Portraits de Mendelssohn, Wieland, Winkelmann. 3 p.

345 **Stengel** (S.-V.). Vues des châteaux de Heidelberg, Staremberg et autres paysages. 6 p.

346 **Strudt** (J.-J.). Clair de lune; la Cascade, d'après Ruysdael; l'Abreuvoir. 3 p.

347 **Stubbs** (G.-T.). Amarillis; Savoir vivre sans six sous. Deux jolis costumes de femmes, 1793-1794.

348 **Stubenrauch** (R.), 802. Tête de juif, d'après Rembrandt; Fontaine avec nymphe versant de l'eau. 2 p.

349 **Swanevelt** (H.). Les deux Cavaliers, B. 79; les Pénitents, B. 107 à 110. 5 p.

350 **Tardieu** (Al.). Bonaparte 1er consul. 1er état avant que le rond soit réduit ovale. Superbe épr.

351 **Tempeste** (A.). Suite de douze chevaux dans diverses attitudes.

352 **Troyen** (J.) et autres, d'après Titien. Vierges et autres sujets religieux de la galerie de l'archiduc. 8 p.

353 — D'après Bassan, Corrége, Giorgion. Sainte Marguerite de Raphael; Fête d'apr. Téniers, Tintoret, Véronèse. 9 p.

354 **Umbach** (J.). Sujets religieux, saints, mythologiques, ruines, etc., etc. 28 p. Sera divisé.

355 **Velde** (Adrien Van de). Différents animaux. (B. 1 à 10.) 10 p. Anciennes épr.

356 — La Vache et les deux Moutons, 11; le Bœuf pie, 12; les deux Vaches, 13; la Brebis, 14; les deux Moutons, 15. 5 p. Très-belles épr.

357 **Voderf**, d'après Balthazar. Les deux façons de penser. Pièce curieuse.

358 **Voguier.** Bouquets de fleurs et vases. 5 p.

359 **Waldmann** (Jacob), 1842. Vue de Knitzendorf en Autriche. *Galvanographie.* Curieux essai de gravure.

360 **Wallis** (R.). Vues de l'Etna, Messine, Palerme. 4 p. chine.

361 **Wampacher** (J.-G.). Le Veilleur, et, pendant, la Surprise. 2 p. en buste. Eaux-fortes curieuses.

362 **Waterlo** (A.). Suite de quatre paysages. Le Rocher percé, etc. (B. 3, 4, 5, 6.) — 4 p. papier d'Ottens. Belles épr.

363 — Paysages. B. 8, 10, 11, 12, 13, 14, 15, 16, 19. — 9 p.

364 — Suite de douze paysages. B. 21. Très-belle épr. avec A. à gauche, et de 22 à 32. — 12 p.

365 — Paysages. B. 33, 34, 35, 36, 39, 79, 84, 86. — 8 p.

366 — Suite de six paysages. B. 41 à 46. — 6 p. Bonnes épreuves.

367 — Suite de six paysages. B. 47 à 52. — 6 p. très-belles.

368 — Paysages. B. 53, 54, 55, 56, 58. — 5 p.

369 — Suite de six paysages. B. 59 à 64. — 6 p. belles.

370 — Suite de six paysages. B. 65 à 70. — 6 p. bonnes.

371 — Paysages. B. 72, 73, 74, 75, 76. — 5 p. Très-belles épr.

372 — Suite de six paysages. B. 89 à 94. — 6 p. très-belles, plusieurs papier à la folie.

373 — Suite de douze paysages rares. B. 95 à 96; manque le 105. — 11 p. Très-belles épr., papier de Hollande.

374 — Suite de six paysages. B. 107 à 112. — 6 gr. p.

375 — Suite de six paysages. B. 113 à 118. — 6 p. Belles épr.; le 117 papier à la folie.

376 — Suite de six paysages en hauteur. B. 119 à 124. Cette p. en papier à la folie. — 6 p. belles.

377 — Suite de six paysages ornés de sujets mythologiques. B. 125 à 130. Superbes épr., plusieurs papier à la folie. 6 p.

378 — Le Prophète Judas. B. 133 — La Pièce douteuse. 2 p. belles.

379 **Weirotter** (F.-E.). Vues prises à Tivoli, Frascati, Rome. Suite de 18 p. en hauteur.

380 — Vues d'Italie, en travers. Suite de 12 p.

381 — Autre suite d'Italie, en travers. 12 p.

382 — Vues de Normandie. Suite de 12 p.

383 — Les Mois de l'année. 12 p.

384 — Vues de la Seine. 6 p.

385 — Les quatre Saisons, d'apr. Van Goyen.

386 — Marines, d'apr. Vernet, dédiées à M. Watelet et à Mme Le Comte. 2 p.

387 — Fontaine près Meulan; Ruines de l'abbaye de Saint-Maur; Villages près Anvers et Bruxelles, 4 p.

388 — Vues de Vernonnet; Chute d'eau et pont rustique. 4 p.

389 — Vues diverses d'Italie et titre. 20 p.

390 **Weyss** (B). Sacrifice d'Abraham; Vierges; Saintes-Familles, etc. 18 p.

391 — Têtes gracieuses de jeunes filles et autres; Lucrèce, Vénus et l'Amour, etc. 12 p.

392 **Weiss** (David). Portraits de Jenner, Szathmary Kiraly Josef, avant et avec la lettre; Marie Ire de Hongrie; C. Mechetti; Napoléon. 6 p. très-belles.

393 **Wiesbrod**, d'après le Nain. Repas ; probablement le peintre et sa famille à table.

394 **Wildner**. Cabinet d'études de Beethoven, avant la lettre. Très-rare. — Chambre de Martin Luther. 2 p.

395 **Wittinghoff** (C.-V.). Très-petits paysages ; Vues de châteaux. 34 p.

396 — Animaux et paysages. 20 p.

397 **Zilotti**. Scènes de bestiaux. 2 p.

398 **Zingg** (A.). La Lune cachée ; Vues du Mein ; le Soir et le Matin, etc. 7 p.

399 **Zuccarelli** (F.). La Vierge au sac, d'apr. And. del Sarto. Superbe.

400 **Zultant** (Félix). Portrait de Martin Luther.

On vendra quelques lots au commencement des vacations.

MAULDE et RENOU, Imprimeurs de la Compagnie des Commissaires-Priseurs, rue de Rivoli, 144.

1ˢ Catalogues a la Poste —   29 - 90
d/c Mains de Papier 2 chemises   18 - 60
     Transport   3 -
                                    ——————
                                     43 - 50